LE LAYON

Le rôle économique de sa canalisation sous le nom de

CANAL DE MONSIEUR

PAR

A. BOUCHARD

Secrétaire de la Société Agricole et Industrielle de Maine-et-Loire

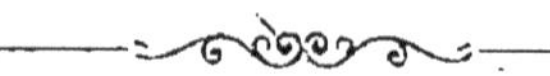

ANGERS
IMPRIMERIE LACHÈSE ET DOLBEAU
4, Chaussée Saint-Pierre, 4

1885

LE LAYON

Le rôle économique de sa canalisation
sous le nom de

CANAL DE MONSIEUR

PAR

A. BOUCHARD

Secrétaire de la Société Agricole et Industrielle de Maine-et-Loire

ANGERS
IMPRIMERIE LACHÈSE ET DOLBEAU
4, Chaussée Saint-Pierre, 4

1885

LE LAYON

Le rôle économique de sa canalisation sous le nom de

CANAL DE MONSIEUR

I.

Le Layon prend sa source dans le département des Deux-Sèvres au milieu de l'étang de Beaurepaire ; il entre dans le département de Maine-et-Loire par l'étang de Cleré et arrose les communes de Passavant, Nueil, les Verchers, Concourson, Saint-Georges-Châtelaison, Tigné, Martigné-Briand, Aubigné-Briand dans l'arrondissement de Saumur, et dans l'arrondissement d'Angers les communes de Faveraye-Machelles, Thouarcé, Faye, Le Champ, Rablay, Beaulieu, Saint-Lambert-du-Lattay, Saint-Aubin-de-Luigné, Chaudefonds, et se jette dans la Loire à l'entrée de la ville de Chalonnes, après avoir parcouru dans le département de Maine et-Loire environ 68 kilomètres.

Durant son parcours en Anjou, le Layon reçoit un grand nombre de petits affluents; les plus importants sont sur la rive gauche, le Lys, appelé aussi rivière de Vihiers, l'Archizon ou Arcizon, qui sépare les deux massifs de Machelles et de Faveraye, l'Hyrome qui vient de Chemillé et se réunit au Layon tout près du pont Baré, célèbre par la bataille que les Républicains et les Vendéens se livrèrent en cet endroit le 19 septembre 1793.

Au IXe siècle, le Layon fut assigné par Charles-le-Chauve commme la limite naturelle qui séparait le territoire du Poitou de celui de l'Anjou. Il servit encore de ligne de démarcation pendant la Révolution entre les camps de l'armée républicaine et ceux de l'armée vendéenne.

Dans ses méandres capricieux, le Layon fertilise une vallée assez étroite, qui ne s'élargit qu'au-dessous de Chaudefonds et qui est formée d'alluvions mélangées parfois de sables et de galets de transport sur lesquelles reposent d'assez bonnes prairies.

Sur ses deux rives il rencontre des sols

schisto-argileux, parsemés de poudingues et de quarzites, et où sont complantés depuis des siècles des vignobles de grande réputation; sur sa rive gauche il touche aux terrains crétacés des communes des Verchers et de Concourson, tandis qu'à Saint-Georges Châtelaison, Tigné, Martigné, Aubigné, Faveraye, Thouarcé, Rablay, il longe le grand plateau qu'occupe la molasse coquillière, si riche en fossiles de toute nature et fertilisé par l'aménagement des plantes légumineuses qui, en le transformant en ont corrigé l'aridité et l'ont préparé à la culture profitable des choux fourragers et de toutes les céréales.

A Concourson, Saint-Georges-Châtelaison, Martigné et Thouarcé, le Layon rencontre le terrain anthraxifère ainsi qu'à Rablay, Beaulieu, Saint Lambert-du Lattay, Saint-Aubin-de Luigné et Chaudefonds. A Beaulieu encore, ainsi qu'à Saint-Aubin-de Luigné et à Chaudefonds, le lit du Layon est enclavé entre des coteaux escarpés qui recèlent dans leurs flancs le marbre qui, transformé en chaux, sert à l'amendement des terres granitiques de la Vendée.

II

Dans l'aperçu topographique du bassin du Layon, que nous venons de donner, on a pu remarquer que le terrain anthraxifère suivait en quelque sorte les deux rives de la rivière. En effet, les premiers affleurements du terrain anthraxifère se montrent vers Beaugé-Ménuaud, suivent du côté de Concourson, et de là se dirigent en ligne droite du Sud-Est au Nord-Ouest jusqu'à Chalonnes et Montjean, où les veines s'engagent sous la Loire et reparaissent jusqu'au delà d'Ingrandes, à l'extrême limite du département de Maine-et-Loire. Et nous ferons remarquer, en passant, sans nous y arrêter autrement, que le gisement du schiste ardoisier suit, en Maine-et-Loire, une ligne exactement parallèle à celle de l'étage anthraxifère, en faisant toutefois partir cette ligne de Juigné-sur-Loire, où vient affleurer le schiste ardoisier en aiguilles.

Le gisement anthraxifére de l'Anjou semble être connu depuis longtemps. Dans tous les cas, la première concession donnée régulièrement le fut en 1735, en faveur d'une Société composée de marchands tourangeaux, ayant à sa tête le sieur Bacot, qui ne commença l'exploitation qu'en 1740. La concession avait une durée de quarante années.

En 1769, c'est-à-dire après trente ans de travaux restés infructueux, Bacot vendit au sieur David la concession des mines de Saint-Georges. Ces mines donnaient de la houille grasse, qui était d'aussi bonne qualité que la houille de l'Angleterre. Entre les mains de David, l'exploitation prenait bonne tournure, elle excita même la convoitise de Foulon, baron de Doué, qui éleva ses droits sur le fief de Concourson, et se fit délivrer, par arrêt du Conseil du Roi, en date du 12 mai 1771, la permission d'exploiter les mines de Concourson. Muni de l'arrêt du Conseil, Foulon exigea de David une rente de 1,200 livres. Pour se défendre contre les prétentions de Foulon, David mit l'entreprise en actions, mais en fin de compte, il fut obligé de consentir à Foulon la rente de 1,200 livres, qu'il demandait, et le 7 septembre 1771, intervint entre eux un traité qui réglait la situation.

David, craignant de nouvelles vexations, obtenait du Conseil du Roi, le 10 novembre 1771, un arrêt lui accordant la concession exclusive des mines de Saint-Georges-Châtelaison.

En 1774, les mines de Saint-Georges-Châtelaison passèrent entre les mains d'une nouvelle Société, à la tête de laquelle apparaissent Morand, écuyer directeur général des pompes du Roi ; Puissan, écuyer chef du 1er bureau de la police de Paris ; David y demeure comme intéressé. La Compagnie Puissan et consorts fit reconnaître et délimiter l'étendue de la concession par un arrêt du conseil du roi du 27 mai 1775. Elle s'étendait depuis le clocher des Verchers jusqu'au clocher de Saint-Lambert-du-Lattay, en passant par Saint-Georges-Châtelaison, Tigné, Aubigné, Faveraye, Le Champ et Rablay, et, sur l'autre rive, par Martigné, Thouarcé, Faye, Beaulieu, jusqu'à la route de Beaulieu à Saint-Lambert-du-Lattay. Elle enserrait dans ses limites un territoire d'environ 80 kilomètres carrés.

A cette époque, 1775, Bonaventure Pauly, secrétaire ordinaire de la reine, entre dans la Compagnie des mines avec Morand, naturaliste distingué, Bayen, apothicaire en chef des armées, et d'autres encore.

Dès que Puissan a pris position dans la Société des mines, en 1774, il s'occupe de présenter un projet de canalisation du Layon, pour faciliter l'écoulement des produits de l'exploitation qui n'avaient d'autre débouché, pour gagner la Loire, que la route de Saumur par Doué-la-Fontaine. Puissan poussa ses démarches avec tant d'activité que, dès le 17 avril 1774, le conseil du roi rend un arrêt qui permet :

« Aux sieurs Puissan et consorts, sui-
» vant leurs offres de rendre la rivière du
» Layon flottable et navigable, depuis
» Saint Georges-Chatelaison jusqu'à son
» embouchure dans la Loire, en mettant
» son lit à vingt-quatre pieds de largeur
» au moins et à trois pieds au-dessous des
» plus basses eaux, sans détourner le cours
» actuel de ladite rivière, si ce n'est dans
» quelques parties où il pourra être re-
» dressé, et sans causer un grand dom-
» mage aux propriétaires ; le tout confor-
» mément aux plan et devis approuvés. A
» cet effet, lesdits Puissan et consorts ont
» été autorisés à faire construire à leurs
» frais, sur ladite rivière, le nombre de
» portes marinières ou vannes, et généra-
» lement tous les ouvrages nécessaires
» pour l'établissement de ladite naviga-

» tion ; comme aussi à élargir et creuser » le lit de la rivière, en dédommageant les » propriétaires sur lesquels il serait pris » une largeur de plus de six pieds de ter- » rain, tant pour ledit élargissement, que » pour la place qui serait occupée par le » dépôt des terres qui proviendraient des » fouilles, soit à l'amiable, soit à dire » d'experts convenus ou nommés d'office ; » à la charge que les communications de » bourg à bourg seraient conservées, et » qu'à la place des gués à la faveur des- » quels on traverse ladite rivière, il y se- » rait construit, aux frais desdits Puissan » et consorts, des ponts en maçonnerie ou » en charpente pour le passage public ; à » la charge aussi d'indemniser les proprié- » taires de moulins, s'il y survenait quel- » ques réparations du fait des ouvrages, » ou les meuniers, pour le chômage par » les voies ci-dessus indiquées.

. . . .

» Lesdits Puissan et consorts devront » jouir pendant quarante années du privi- » lège exclusif du flottage et de la navi- » gation sur ladite rivière, pourront perce- » voir à leur profit les droits qui seront » fixés et arrêtés par le conseil, sans ce- » pendant que ledit privilège exclusif

» puisse nuire ni préjudicier aux droits de » pêche des seigneurs, ni empêcher d'établir des bateaux pour passer d'une rive à » l'autre.

» Lesdits Puissan et consorts, en conséquence, sont autorisés à établir à leurs » frais dans les endroits nécessaires sur la- » dite rivière, tous commis, gardes et ba- » teliers en nombre suffisant pour l'exercice » dudit droit de flottage et navigation ; les- » quels jouiront de l'exemption personnelle de la milice, guet et garde et en » outre du logement des gens de guerre. » Les concessionnaires pourront aussi établir à leurs frais aux moulins, au-dessus et » au-dessous, des sacs, portières ou écluses » nécessaires pour le passage des bateaux » et flottes, en indemnisant les propriétaires, » meuniers ou fermiers, suivant les voies » déjà indiquées, en consignant provisoirement le prix des dommages s'il était ordonné, comme aussi dans les cas où les » moulins situés dans ladite rivière feraient » obstacle à la navigation, il sera permis » auxdits Puissan et consorts de s'en emparer pour les démolir après estimation » préalables ; lesdits demeurants responsables envers les propriétaires des denrées » et marchandises qu'ils voitureront de

» tous dommages et avaries ou pertes » d'icelles. »

III.

Le dispositif de l'arrêt du 17 avril 1774 établit, de la manière la plus indiscutable, que la canalisation de la rivière du Layon était entreprise dans un but exclusivement privé, aussi cette sorte de main mise sur un cours d'eau qui, jusqu'à ce moment, n'était assujetti qu'à la simple réglementation des eaux, causa-t-elle une certaine émotion parmi les populations riveraines. Emotion d'autant plus légitime qu'il y avait dans l'arrêt du conseil de Roi au moins trois clauses qui pouvaient être par la suite une cause de troubles profonds dans la jouissance des propriétaires.

Ainsi, la Société Puissan pouvait : 1° redresser le cours du Layon, si elle en voyait la nécessité ; 2° dédommager seulement les propriétaires sur lesquels il serait pris une largeur de plus de six pieds de terrain pour l'élargissement de la rivière, ce qui veut dire que partout où l'entrepreneur du canal prendrait *seulement six pieds de terrain, il ne serait tenu de payer aucune indemnité au propriétaire ;* 3° supprimer, le cas échéant, les moulins qui feraient obstacle à la navigation.

En fait, le lit primitif du Layon, si l'on en juge par ce qu'il en reste, était fort restreint, de sorte que, pour l'établissement du canal, il a fallu prendre presque sur tout son parcours cette fameuse bande de six pieds inscrite dans l'arrêt du 17 avril 1774. Or, cette charge a dû être fort onéreuse pour certains riverains, tels que M. le marquis de la Galissonnière, par exemple, qui, en outre des moulins de Chaume et de Gateau qu'il possédait sur le Layon, était encore propriétaire de tout le terrain qui était compris entre le moulin de Chaume et le castel de la Basse-Guerche, en Saint-Aubin-de-Luigné. La question des moulins était aussi fort grave, et MM. du chapitre de Saint-Maurice d'Angers, qui possédaient le moulin de Boisneau, adressèrent à M. l'intendant de la généralité de Tours une supplique, de concert avec l'abbesse du Ronceray, propriétaire des moulins de Baré et de Bezigon.

Nous ne possédons pas la supplique de MM. du chapitre d'Angers, mais nous avons entre nos mains la protestation que les propriétaires riverains firent parvenir à M. l'intendant de la généralité de Tours; elle est assez intéressante pour que nous jugions utile de la citer *in extenso*.

IV.

SUPPLIQUE DES RIVERAINS DU LAYON CONTRE LE PROJET DE LA CANALISATION.

A Monseigneur l'Intendant de la Généralité de Tours (1).

« Supplient humblement les propriétaires et riverains des bords du Layon.

» Monseigneur, l'arrêt du 17 avril dernier qui permet de rendre navigable la petite rivière du Layon paraît être rendu sur avis donné par votre Grandeur. Elle a bien voulu donner neuf articles de réponses au Mémoire que vous aviez permis le 23 août à MM. du Chapitre d'Angers, de vous envoyer pour leur représentation et les nôtres contre cette entreprise ; nous vous connaissons, Monseigneur, le plus véritable ami du

---

(1) Pièce communiquée par M. L. Raimbault, de Thouarcé.

bien public, et nous savons que vous ne négligez rien pour le prouver ; c'est ce qui nous donne la hardiesse de vous présenter de nouvelles observations pour mettre sous vos yeux le désavantage de cette entreprise. Quand les associés seraient assurés d'y réussir, permettez nous, Monseigneur, de dire que nous avons tout intérêt de faire connaître que la navigation, telle qu'on pourrait l'établir sur le Layon, ne nous serait pas utile. Nous qui possédons, cultivons ou habitons les bords du Layon, sommes les plus à proximité de connaître si cette entreprise est de l'intérêt général, et dès que nous voyons le contraire, nous sommes obligés de vous le représenter et de nous opposer à l'intérêt particulier de la Compagnie entreprenante puisque nous formons ce public.

» Jamais nous n'avons désiré non plus que les paroisses des bords du Layon de le voir navigable, comme la Compagnie l'a exposé dans sa requête au Roi et à son Conseil ; jamais les parties d'Anjou et de Poitou, voisines de cette rivière, n'ont attendu ce secours, puisque ce n'en est pas un ; qu'on ne nous flatte pas de l'espérance des mines de fer, jamais il n'en fut parlé sur ces côtes, et jamais il n'y en a eu d'apparence.

» Cet exposé n'est qu'un prétexte coloré pour faire adopter un projet nuisible ;

jamais il ne fut recueilli de chanvre sur les bords arides du Layon ; jamais le charroi de nos vins ne nous a ôté le désir de les vendre hors des lieux où ils se recueillent et toujours nous avons chéri les marchands des autres provinces et même l'étranger qui viennent en faire l'achat, et nous ne désirons que les moyens simples et faciles de les satisfaire.

» Loin que les blés soient demeurés en ces cantons à charge aux campagnes où ils croissent et qu'ils aient eu peine à soutenir l'augmentation qui y est survenue, ils ont été tellement exportés et vendus cher, qu'à peine le peuple de ces côtes y a-t-il pu subsister; et quoiqu'il eût fait les plus grands efforts pour soutenir sa vie, il a jeûné considérablement, n'ayant pas assez d'argent pour suffire à sa subsistance; qu'on ne nous vante donc pas une exportation dont nous craignons encore l'excès meurtrier !

» Nos laines, nos menus fruits et toute production dont notre terroir est susceptible se vendent très bien au marché de Brissac, célèbre pour ses grains, situé à notre proximité et à une lieue de la Loire, et où se trouve un grand chemin magnifique : nous n'avons point de bois à exporter et point besoin d'une navigation d'ailleurs mauvaise et onéreuse.

» Nous osons vous observer, Monseigneur, que quand les entrepreneurs baisseraient le taux de leur tarif, plus onéreux que le charroi par terre, la lenteur de leur voiture ne s'accorderait jamais avec le vœu de ceux qui achètent nos marchandises exportables. Le Layon ne transportera qu'à Chalonnes, cinq grandes lieues au-dessous d'Angers, six au-dessous de Juigné, il faudra des changements de bateaux, ceux du Layon ne pouvant être de forme à voguer sur la Loire, il faudra encore changer à Angers ceux de la Loire, embarras réels, coûteux et dégoûtants.

» L'alternative du charroi par terre ne nous sera plus libre, faute de foin que le Layon ne fournira plus à nos charroyeurs, ce charroi par terre fait subsister une infinité de familles, il fait l'avantage de l'agriculture, soit pour la vigne, soit pour les terres et grains et marchandises; l'argent qu'y gagnent les métayers n'est point si minutieux, puisqu'ils en paient leurs impôts. Mais les bœufs ne font pas seuls les charrois; grand nombre de petits voituriers par chevaux vivent de leurs travaux utiles en tous genres en ces pays montueux, où ils sont occupés. Cette circulation par terre occupe beaucoup d'hommes et de bestiaux, tout cela anime et excite à la culture d'un terrain le plus ingrat par sa nature, et qui n'est fertilisé qu'à force de travail : il diminuera ce travail si on diminue ce qui le facilite, le nombre d'hommes et de bestiaux disparaîtra, tout en souffrira, le bien du roi, de l'Etat, des seigneurs, des sujets, de la société, du commerce.

» Il est vrai qu'une largeur de vingt-quatre pieds de rivière, et une levée à proportion, ne présenteraient pas en elles-mêmes une perte immense de prairies si on y suivait exactement les sinuosités du Layon, mais toujours c'est une perte, et les bords seront bientôt altérés par le cours d'eau qui élargira beaucoup.

» Le rejet des terres de ce nouveau lit couvrira un large espace, une levée à proportion pour le hallage, tout cet ensemble diminuera fort le peu de prés que nous avons, sans pouvoir y suppléer par des prés artificiels en un terrain si sec. De plus, qu'il soit permis de voir que l'arrêt n'annonce pas cette suite exacte de sinuosités ; les entrepreneurs n'ont communiqué leur plan ni aux propriétaires ni aux paroisses ; on n'a pas vu leur devis, cependant ils tranchent, ils coupent partout les arbres, les haies, fossés, bois, etc., ils agissent arbitrairement, et sans doute ils en feraient autant pour le lit de la rivière, le faux exposé de leur requête montre assez leurs vues.

» Si, contre le vœu public, l'entreprise avait lieu, la rivière ne devrait pas être redressée arbitrairement, mais seulement en cas de nécessité reconnue avec les propriétaires prévenus à temps convenable, et comment cette compagnie, qui travaillerait malgré nous et pour sa seule utilité, serait-elle dispensée de payer les six pieds, quand elle ne voudrait prendre que cet espace, la justice ne le permet pas : nous n'avons pas été entendus avant l'arrêt. Mais encore cette perte serait-elle légère en comparaison de celle des foins qui seront tous gâtés par l'eau que retiendront les chaussées des écluses ; nos prés deviendront des marais, qui ne produiront plus que du jonc ou des herbes marécageuses ou inutiles. L'élargissement de la rivière ne garantira point de cette continuelle inondation qui viendra de l'élévation des chaussées, plus fortes que celles de nos moulins.

» Si le lit est élargi et creusé, il s'y trouvera aussi un plus grand volume d'eau réservée, et celle qui surviendra subitement n'y trouvera pas plus de place. Les inondations nous parviennent, il est vrai, de temps en temps, par les eaux pluviales qui se précipitent des coteaux, mais les meuniers les diminuent en levant toutes les portes de leurs moulins, ils y ont intérêt pour leurs foins et pour plaire au public.

» Mais cette Compagnie, au contraire, n'a intérêt que de retenir l'eau, car quel serait l'effet d'un simple élargissement à vingt-quatre pieds pour fournir aux moulins, s'il en reste, et à la navigation sur une rivière qui n'a pas ou qui n'a que si peu de sources !

» Et si on détruit les moulins, la perte en sera irréparable.

» Jamais la construction des ponts, de deux lieues en deux lieues, ne suppléera à la suppression de gués qui se trouvent de quart de lieue en quart de lieue et plus fréquemment; quelle gêne pour la culture des lieux que le Layon partage! et pour les communications et le commerce!

» Et quelles cruelles entraves pour le commerce que ce privilège exclusif de la navigation; les entrepreneurs seraient les maîtres du temps des transports, de leur quantité, du prix des voitures; étant seuls les maîtres de la navigation, ils deviendraient seuls les maîtres du commerce; c'est le vrai moyen de l'anéantir.

» Daignez, Monseigneur, rentrer en l'examen de ces observations, faire suspendre l'exécution d'un arrêt qui nous serait si préjudiciable; nous ne désirons que les simples réparations de nos vieux chemins, elles ne seront préjudiciables à personne, et nous continuerons avec succès la culture d'un pays qui n'est point négligé, puisque nous savons y vaincre la nature; que votre justice et votre protection nous aident à vaincre le désir d'une Compagnie qui n'a que son utilité en perspective, nous ne cesserons de faire des vœux pour la prospérité de Votre Grandeur.

» Sur les bords du Layon, le 21 septembre 1774. »

Cette pièce, dont nous avons l'original entre les mains, porte un grand nombre de signatures, parmi lesquelles nous nous bornerons à citer celles de MM. Guynoiseau, de la Reboute, de Russon, seigneur de Bonnezeaux, Chambault de la Saulaie, Boyleau, officier au grenier à sel de Vihiers, Couraudin, Cambourg de Genoüillé, de Brissac, de Cambourg, de Launay, Touchaleaume, Thibault-Chambault, sénéchal d'Aubigné, Paulmier, lieutenant à l'élection d'Angers, Raimbault de la Douve, conseiller de l'Hôtel-de-Ville d'Angers, Chevallier, curé de Thouarcé, H.-M. Menard, prêtre chanoine de Martigné, de la Cochetière, Lambert, syndic de Faveraye, Beguyer du Marais, René Lebreton, Desmazières, conseiller au présidial d'Angers, Blondel de Rye, curé de Chanzeaux, *qui atteste qu'il n'y a qu'une partie des inconvénients exposée qui sont sans nombre et très considérables.*

Cette supplique des riverains du Layon ne fut pas accueillie favorablement par M. l'intendant de la généralité de Tours, car elle porte en marge : « *Les suppliants renvoyés à se pourvoir au Conseil à Tours, le 1er octobre 1774.* »

V.

La pièce que nous venons de citer en entier, malgré sa longueur, est très importante, parce qu'elle dépeint exactement l'esprit des habitants de la vallée du Layon, rebelle à toute innovation; elle montre aussi l'état de la culture du pays, les ressources qu'il possède en vin, blé, fruits, qui se vendaient, alors, 4, 5 et 6 livres la charge d'un cheval de bât (1), laines, bestiaux; le manque de prairies artificielles encore ignorées du laboureur; la rareté de l'argent dans les campagnes; les relations commerciales de cette contrée, l'importance du marché de Brissac, qui est encore le régulateur du prix des denrées dans cette partie de l'Anjou.

La supplique préjuge encore l'insuccès du transport des produits agricoles par les bateaux du canal, prévision d'ailleurs justifiée par la suite, puisqu'il résulte des documents authentiques que le charroi des

(1) Mémoires de François-Yves Besnard.

vins par cette voie n'excédait pas trois cents barriques par an.

Mais, en dehors des considérations précédentes, la supplique relève vertement l'arbitraire des considérants de l'arrêt du 17 avril 1774, donnant aux entrepreneurs du canal la faculté de s'emparer d'une bande de six pieds de terrain pour ses besoins, et de supprimer les moulins. Et là où le rédacteur de la requête, — qui nous paraît être, par comparaison d'écritures, M. l'abbé Chevallier, curé de Thouarcé à cette époque, — semble avoir eu le don de double vue, c'est quand il signale à l'attention de M. l'intendant de la généralité de Tours le danger, pour la vallée, de voir surélever les chantiers des écluses, qui laisseront les prairies sous l'eau. Cette objection, faite au moment de la canalisation, a conservé toute sa valeur, encore aujourd'hui ; déjà, en l'an VIII de la première République, M. Montault-Desilles, Préfet de Maine-et-Loire, avait dû prendre un arrêté pour réglementer la distribution de l'eau dans le Layon, — nous le citerons d'ailleurs plus loin. — En 1850, un nouvel arrêté a dû être pris de nouveau contre les meuniers de Thouarcé, qui retenaient l'eau et compromettaient ainsi les récoltes des prairies. Et n'est-ce pas encore actuellement une raison de même ordre qui vient de provoquer la mise en déclassement du canal du Layon ?

Quoi qu'il en soit des arguments présentés dans la supplique des propriétaires riverains du Layon, ils n'eurent pas le don de mettre aucune entrave aux travaux de canalisation. Au contraire, ceux-ci furent poussés avec la plus grande activité, sous la conduite d'un sieur Julien Martin, architecte des bâtiments à Paris, et d'un entrepreneur nommé Cailleau, probablement le même que celui qui construisit pour le compte de Foulon le fameux château de Soulanger.

Les travaux entrepris le 22 septembre 1774 étaient à peu près terminés le 22 décembre 1775, et le lendemain avait lieu à Concourson la bénédiction du pavillon et des bateaux du canal. Le pavillon de Monsieur, frère du roi, était porté par Julien Martin, architecte, constructeur du canal (1).

Une cantate fut faite en l'honneur de l'architecte Martin, qui avait mené vite

(1) Registres de l'état civil de Concourson.

les travaux de la canalisation du Layon. La voici, elle montre qu'à côté des mécontents, il y avait aussi des heureux :

Le canal du Layon en Anjou

SOUS LA PROTECTION DE MONSIEUR ET CONDUIT PAR MARTIN (2)

Du 27 décembre 1776.

Martin, patriotique et plein d'intelligence,
Traçant les rives du Layon
Avec la toise et le crayon,
Fixe dans ces lieux l'abondance.

Par les lois de son art, on voit le cours de l'eau,
Malgré sa pente vive et forte,
Se briser contre chaque porte
Et replier sur son niveau.

Le matelot sourit et force sur sa rame
Quand il voit ces riants coteaux
Où croissent les bons vins nouveaux
Qui sont l'aiguillon de son âme.

(2) Pièce communiquée par M. L. Raimbault.

⁂

Au berceau du Layon, il charge les trésors
Dont Vulcain enrichit son temple.
Le peuple en foule sur ses bords
A peine croit ce qu'il contemple.

⁂

Du génie et de l'art d'un talent sans égal
Martin mérite le suffrage.
A la Loire il joint le canal,
Et l'Océan prône ce mariage.

⁂

O vous intéressés, vous généreux sujets,
Entrepreneurs de cet ouvrage,
Le ciel bénira des projets
Dont le public sent l'avantage.

MONSIEUR prend ce canal sous sa protection,
De son nom, de son cœur, célébrez la mémoire.
Des fleurs de lys chantez la gloire,
Peuple fortuné du Layon.

Par M. D. L. S. C. D. C.

VI.

Le canal du Layon fut bien inauguré, comme nous l'avons dit, le 23 décembre 1776, sous le nom de *Canal de Monsieur*, mais il n'était pas entièrement achevé, et les premiers devis de l'architecte Julien Martin, qui construisait pour le compte de la Compagnie des mines de Saint-Georges-Châtelaison, portés d'abord à 250,000 livres, avaient été rapidement dépassés.

Expliquons maintenant comment *Monsieur*, comte de Provence et frère du roi Louis XVI, fut appelé à donner son nom au canal du Layon. Les dépenses ayant dépassé toutes les prévisions, plusieurs membres de la Compagnie des mines, ne pouvant faire face à leurs engagements, avaient dû quitter l'association, et leurs parts étaient passées entre les mains de *Monsieur*, que l'on avait su intéresser à l'affaire, comme étant comprise dans son apanage.

Puissan et ses associés s'empressèrent de profiter de l'appui que pouvait leur donner M. le comte de Provence. Ils adressèrent au Roi un mémoire dans lequel ils exposèrent que les dépenses qu'ils avaient faites, pour mener à bonne fin leur entreprise de canalisation, avaient absorbé presqu'entièrement leur fortune, que leur œuvre était loin d'être achevée, que cela nécessiterait de leur part de nouveaux sacrifices, et pour cette raison, ils suppliaient le Roi de proroger leur concession de quarante années à soixante années.

Le 25 juillet 1776, Louis XVI donna en faveur de Puissan et consorts des lettres patentes enregistrées à Paris en Parlement le 5 décembre 1776, qui confirmaient toutes les dispositions de l'arrêt du 17 avril 1774, autorisaient la canalisation sous le nom de *Canal de Monsieur,* prorogeaient la concession à soixante années, fixaient les droits qui pourraient être perçus au profit de la Compagnie des mines pour le transport des marchandises et denrées de toute nature.

Usant toujours de la puissante protection dont son nouvel associé était à même de le faire bénéficier, Puissan se faisait délivrer par le roi, le 11 mai 1777, un passeport pour que toute livraison de charbon faite à l'Etat, et destinée aux ports de Brest, Lorient, Rochefort, le Havre et à la fonderie d'Indret n'eût à payer au bureau d'Ingrandes, ni le droit de passage, ni le trepas de Loire, ni la simple cloison, ni le péage de Nantes, mais seulement le double droit de double et triple cloison de 15 sous par fourniture (1).

Sur ces entrefaites, M. Hervé, qui avait remplacé en mars 1776, dans ses doubles fonctions de directeur des mines et du canal, M. de Roussy, donna sa démission.

La Société Puissan offrit à Parmentier de prendre la direction de l'exploitation. Mais Parmentier qui était alors pharmacien en chef des Invalides, fit agréer à sa place son ami le médecin Renou, né à la Pommeraye en 1740, et qui après avoir couru les chances de la guerre de sept ans, était revenu en Anjou, à son pays natal, où il exerçait la médecine, tout en s'adonnant à l'étude de l'histoire naturelle. Il entra en fonction le 20 mai 1777.

---

(1) Ch. Menière. — Parmentier et le professeur Renou.

VII

Dès le début de sa direction, Renou eut à entreprendre de nombreuses réformes, tant du côté de l'exploitation du minerai, que du côté de l'administration du canal de Monsieur.

Des économies mal entendues avaient présidé à l'aménagement du canal ; les portes des écluses trop étroites ne pouvaient donner accès aux bateaux de la Loire ; la forme des écluses à angles droits prêtait à la dégradation par les eaux. Il fallut que Renou, à peine entré en fonctions depuis un mois, songeât à faire construire des bateaux capables de voguer sur les eaux du canal ; qu'il s'occupât de traiter avec l'entrepreneur Cailleau, pour la construction de dix-huit écluses busquées. Chaque écluse fut marchandée en raison de 3,450 livres, toutes dépenses comprises.

Il y avait à peine quatre ans que les travaux de la canalisation étaient commencés, et tout semblait déjà être à refaire, car en dehors des écluses à reformer, il y avait encore des ponts à reconstruire, ceux qui existaient gênant la navigation, il fallait aussi se défendre contre les craintes des meuniers, de se voir privés d'eau pendant les travaux de réfection.

Les ouvriers du canal, occupés à la construction du pont de Bezigon, furent même assaillis par les gens du marquis de la Galissonnière, plutôt que par M. de la Galissionnière lui-même, qui jouissait dans la province d'une popularité immense, due autant à la modération de son caractère qu'à son aimable courtoisie, dit son biographe, M. le conseiller Bougler.

D'ailleurs, la Compagnie des mines était bien obligée de s'exécuter, M. de Limay, ingénieur en chef des ponts-et-chaussées, nommé par Louis XVI pour surveiller la construction du canal de Monsieur, avait trouvé utiles et nécessaires les travaux que nous avons indiqué tout à l'heure.

Enfin, au mois de septembre 1779, M. de Limay, envoyait à la Compagnie le procès-verbal de réception du canal de Monsieur. Les dépenses faites à ce moment s'élevaient à la somme de 960,000 livres, et il restait pour 213,090 livres de travaux à achever, entre autres la reconstruction des portes busquées des écluses de Mea, Thouarcé et Gilbourg,

D'après le procès-verbal de réception de M. l'ingénieur en chef de Limay, le total des dépenses faites et de celles prévues à faire s'élevait à la somme de 1,173,000 livres. M. Célestin Port, dans son article du canal du Layon, les évalue à 1,313,000 livres. M. le comte de Monti, petit-fils de Bonaventure Pauly, nous a assuré, tout récemment, que les dépenses réelles supportées par la Compagnie pour la canalisation du Layon étaient de 1,800,000 livres.

Nous pensons qu'il faut comprendre, dans les dépenses de la canalisation, la construction du four à chaux que Renou avait fait établir sur ses plans, à Chaudefonds, afin d'avoir la chaux nécessaire à l'entretien du blocage du canal.

Le travail de canalisation avait nécessité la construction de 30 portes-écluses et celle de 14 ponts.

La longueur du canal du port des Mines, situé paroisse de Concourson, au port de Chalonnes, était de quarante-deux kilomètres.

Au milieu d'octobre 1779, un avis, annonçant l'ouverture définitive de la navigation dans le canal de Monsieur, fut communiqué dans toutes les localités riveraines et intéressées.

Au pied de l'avis était annexé le tarif des transports, nous le donnons textuellement.

TARIF (1).

De ce qui sera payé par chaque pipe de vin, rendue par les bateaux du canal de Monsieur.

Du port des Mines, paroisse de Concourson,	6 liv.	» sous	
Du pont de Mea,	6 —	»	—
Du pont de Chatelaison,	6 —	»	—
De l'écluse de la Pichardière,	6 —	»	—
De l'écluse de la Roirie,	6 —	»	—
Du pont d'Aubigné,	5 liv.	10	—
De l'écluse de Rochefort,	5 —	5	—
De l'écluse de Machelles,	5 —	»	—
De l'écluse de Taillepré,	4 —	10	—
De l'écluse de Thouarcé,	4 —	»	—
Du pont Caillieau,	3 —	15	—
Du Gilbourg,	3 —	10	—
Du pont de Rablay,	3 —	»	—
De Baré,	2 —	10	—
Du pont de Bezigon,	2 —	»	—
Du pont de Saint-Aubin,	1 —	10	—
De Valette,	1 —	2	—
De Chaudefonds.	» —	18	—
De Princé,	» —	15	—

Nota. — Outre le prix du transport jusqu'à Chalonnes, on prendra en sus deux livres par pipe (2) pour la rendre de Chalonnes à Angers.

(1) Pièce communiquée par M. L. Raimbault.

(1) La pipe de vin, mesure usuelle du pays à cette époque, contenait 450 à 460 pintes.

VIII.

Pendant que Renou parachevait l'œuvre de la canalisation du Layon, il ne perdait pas de vue pour cela les améliorations à apporter à l'extraction du charbon.

En 1777, l'extraction, qui avait été de 326,224 busses, passa, en 1778, à 402,405 busses, et en 1779 à 617,000 busses.

La Société des mines écoulait par le canal de Monsieur le plus de charbon qu'elle pouvait, le transport par Saumur ne pouvant se faire qu'à grands frais. Ainsi, pendant les huit derniers mois de 1777, les bateaux du canal avaient chargé 97,905 boisseaux. Durant l'année 1778, les transports par la même voie s'étaient élevés à 126,662 boisseaux, et en 1779 à 115,366 boisseaux.

Les approvisionnements pour la marine de l'Etat qui, avant l'ouverture du canal, ne se faisaient que par Saumur, se partagèrent entre cette ancienne route et le canal. Ils furent, en 1779, de 137,777 boisseaux, en 1780 de 158,400 boisseaux, à destination des ports de Brest, Lorient,

Rochefort, le Havre, et surtout de la fonderie d'Indret (1).

A ce moment, Foulon, qui ne perd de vue ni ses prétendus droits, ni ses intérêts, et qui voit l'exploitation en voie de prospérité, apparaît de nouveau, pour exiger des concessionnaires une rente de 2,000 livres, qualifiée dans le traité, qui intervient le 18 mars 1780, entre lui et Moral, représentant de la Compagnie, de rente foncière et féodale.

La navigation du canal de Monsieur servit presqu'exclusivement au transport de la houille des mines du Haut-Layon, le mouvement des vins et des denrées du pays continua de se faire le plus et le mieux par terre. C'est tout au plus si les bateaux du canal descendaient à Chalonnes trois cents busses de vin par an, car ils étaient de dimensions trop exiguës pour embarquer des pipes de 450 pintes, et le dépotage que l'on était obligé de faire subir au vin contrariait toutes les habitudes acquises. On peut donc dire que le canal de Monsieur resta une entreprise toute privée.

---

(1) Bulletin de la Société industrielle.

D'ailleurs, ce qui établit mieux que tout ce que l'on peut dire, que le transport des marchandises ne donna pas à la Compagnie des mines les bénéfices qu'elle en attendait, c'est que, aussitôt brouillée avec Renou qui résigna ses doubles fonctions de directeur des mines et du canal, en 1784, elle s'atourna l'année suivante vers le gouvernement qui, pour sauvegarder l'entreprise à laquelle le nom de Monsieur se trouvait attaché, consentit à l'acquérir pour le prix de 1,200,000 livres, et donna à ferme à la Compagnie cessionnaire la navigation pour dixhuit années, à raison de 60,000 livres par année.

IX

Au bout de deux ans — 1787, — la Compagnie des mines, chargée de dettes, ne pouvant plus faire face à ses engagements, obtint du Conseil du Roi un arrêt qui la déchargeait de son bail, à la condition toutefois qu'elle vendrait sa concession des mines dans le délai d'un mois.

Bonaventure Pauly forma une Société, dans laquelle il se réservait le tiers des ports, et se rendit acquéreur de la concession avec un privilège exclusif pour la navigation pendant dix-huit années. Mais, plus avisé que ses prédécesseurs, Pauly abandonna ses droits sur la navigation du canal au sieur Aubelle, entrepreneur à La Salle, près Montreuil, à la charge par celui-ci d'entretenir le canal en bon état.

Si l'on en juge par la correspondance commerciale de M. Guilloty aîné, la navigation ne fut guère plus florissante pendant cette période que dans la précédente. Les bateaux transportent peu de vins, ils sont retardés par le manque d'eau en été et par les glaces en hiver.

Une certaine activité semble régner sur le transport des bois, mais cette manutention ne doit guère grossir les recettes, car les lettres patentes du 25 juillet 1776, n'accordent aux concessionnaires de la navigation du canal de Monsieur que *neuf deniers* par lieue de 2,400 toises, et par quintal sur le bois et tous matériaux, telles que pierres, tuiles, ardoises, chaux et autres.

D'ailleurs, on a dû abaisser le prix du transport pour les vins, nous trouvons dans une lettre de M. Auzilliau, inspecteur de la navigation à Thouarcé, datée du 6 février 1789, le tarif de 1779 cité plus haut, modifié de la manière suivante : « Le » prix par pipe de vin chargé à la Roirie » au-dessus de Thouarcé est de 4 *livres* » rendu à Chalonnes ; d'Aubigné, 3 *livres* » 15 *sous* ; de Machelles, 3 *livres* 10 *sous* ; » de Taillepré, 3 *livres* 5 *sous* ; et de » Thouarcé, 3 *livres* par pipe ; de Saint-» Lambert, 30 *sous*. »

Nous voilà arrivé à l'année 1791, le pays est troublé par la guerre civile, les affaires vont mal, Aubelle a rompu son traité et Pauly songe à abandonner son privilège de navigation, sur le canal de Monsieur, tout en sauvegardant ses intérêts. Le numéro des affiches d'Angers, du 29 novembre 1791, nous en fournit la meilleure preuve. « Conseil général de » Maine-et-Loire, séance du mercredi 23 » novembre 1791. — Le sieur *Georges* » Pauly (1), propriétaire de mines de » Saint Georges-Châtelaison et de la na-» vigation du canal du Layon, offre de » remettre au département son privilège, » moyennant indemnité. — Le mémoire a » été renvoyé au bureau des ponts-et-» chaussées. »

---

(1) Il y a là une erreur de prénom.

La demande de Pauly ne fut pas agréée, car l'année suivante, — 1792 — le député Lequinio, ami de Pauly, offre en son nom à l'Assemblée nationale, — qui refusa — de remettre à l'Etat son privilège sur le canal du Layon, les travaux en ayant été détruits par ordre de l'autorité militaire pour empêcher les communications d'une rive à l'autre (1).

X.

Pendant les guerres de la Vendée, la navigation resta interrompue sur le canal de Monsieur, après la destruction des ouvrages, et, ce qui fut plus malheureux, les mines de Saint-Georges-Châtelaison furent complètement laissées dans l'abandon, malgré ce que put faire Pauly pour les conserver. Le puits le Solitaire, qui mesurait une profondeur de 300 mètres et qui donnait la meilleure houille, les puits Beaujouan, Puissan, Morand, de la Sagesse, qui descendaient à 150 mètres et communiquaient ensemble par des galeries trans-

(1) Bulletin de la Société Industrielle.

versales furent complètement envahis par les eaux et perdus pour l'exploitation.

Malgré tous ces désastres, Bonaventure Pauly resta sur la brèche, et nous le retrouvons, en 1798, s'associant avec MM. Biercourt et Servilly, pour reprendre l'exploitation de la concession que peu de temps après, il revendit à M. Rivaud Verger pour la somme de 200,000 livres.

Le 26 avril 1808, le Préfet de Maine-et-Loire annonce au Conseil général que Pauly, « à qui des sentiments d'honneur » et de loyauté, avaient acquis l'estime et » la considération publique » est réintégré dans sa concession, la Société Rivaud-Verger étant dans la nécessité de quitter l'exploitation.

Il ouvre de nouveaux puits et les exploite lui-même jusqu'en 1825, que le baron général Evain, fils d'un horloger d'Angers, et représentant d'une Société qui possède déjà la concession de Montjean, achète à son tour.

Huit ans après, la Société Evain, à bout de finances, abandonne les mines qui sont rachetées le 25 avril 1833, à l'audience des criées du tribunal de Saumur, par M. de Monti, gendre de Bonaventure Pauly.

Son fils, M. le vicomte de Monti, dirige le groupe de Saint-Georges-Châtelaison et de Concourson avec prudence habileté et bénéfices, jusqu'en 1852, puis s'en dessaisit définitivement en faveur de M. de Las-Cases, déjà propriétaire de la concession de la Loire.

Depuis 1870, les mines de Saint-Georges ont été complètement délaissées.

Revenons, maintenant au canal du Layon, dont l'étude est si intimement liée à l'histoire des mines de Saint Georges-Chatelaison, qu'il est difficile de parler de l'une sans parler des autres.

Le canal du Layon est resté complétement abandonné pendant et après la Révolution, aucune réparation n'a été faite aux ouvrages détruits, il semble tombé dans le domaine public et n'être assujetti à aucune surveillance.

Les propriétaires riverains, souffrant de cet état de choses, exposent leurs doléances à M. Montault Desilles, préfet de Maine-et-Loire qui, après enquête, prend, le 5 juin 1800 — 16 prairial an VIII, l'arrêté suivant, réglementant la hauteur des portes et vannes dans le canal du Layon (1).

---

(1) Pièce communiquée par M. H. Raimbault.

« Vu la pétition du citoyen Merlet et autres propriétaires riverains du Layon, vu aussi le rapport de l'ingénieur en chef sur cette pétition;

» Le préfet du département de Maine-et-Loire, considérant que depuis les troubles de la Vendée, le canal du Layon est entièrement dégradé et hors d'état de servir à la navigation;

» Que là où les portes d'amont des écluses existent, les treuils qui servaient à les lever étaient brisés, et l'eau ne trouvant pas un débouché suffisant, chaque orage expose les terrains adjacents aux ravages que causent toujours les eaux débordées : qu'au contraire là où les portes ont été détruites, le canal demeurant presque toute l'année à sec, les prairies sans irrigation se trouvent privées des germes de fécondité que l'eau y portait par infiltration lorsqu'elle coulait à pleins bords.

» Considérant que la réfection du canal paraît ajournée par le gouvernement :

» Considérant enfin que, jusqu'à la confection des ouvrages nécessaires pour rendre de nouveau le Layon navigable, *les rapports qui existaient entre les meuniers et les riverains, avant la construction du canal se trouvent rétablis;* qu'en conséquence celui qui tourne à son bénéfice les eaux de cette rivière doit préserver autant qu'il est possible, les propriétés adjacentes des dégâts qu'elle peut causer :

Arrête :

Art. 1er. — Les portes d'amont des écluses du Layon, parvenues à un état de dégradation tel qu'il les rend incapables de toute espèce de manœuvre, seront remplacées provisoirement par cinq petites vannes, conformément aux dessins annexés à la minute du présent arrêté.

Art. 2. — Les petites vannes auront même hauteur que les portes qu'elles remplaceront (1 m. 80), et les déversoirs des moulins seront établis à 8 centimètres en contre-bas de l'arrête supérieure de ces vannes, ainsi qu'il avait été ordonné de le faire, lors de la construction primitive du canal.

Art. 3. — Les propriétaires des moulins subviendront aux frais de l'établissement des vannes; ils pourront employer les bois des anciennes portes d'amont...

Art. 4. — Les meuniers seront personnellement tenus de faire le service des vannes, sous la direction de l'agent de la commune ou d'un propriétaire nommé par l'administion de canton.

Art. 5. — Le levage d'une vanne aura lieu de droit particulièrement dans le mois de floréal, prairial, messidor et fructidor, dès que l'eau s'élèvera à plus d'un décimètre au dessus des vannes; on en déplacera une seconde si l'eau continue de croître et ainsi de suite, juqu'à ce que le rabais se fasse sentir.

Art. 6. — L'agent de la commune ou le propriétaire chargé de la direction de la manœuvre pourra, s'il le juge convenable, enchaîner les vannes levées, afin d'ôter aux meuniers la possibilité de les remettre en place pendant son absence.

Art. 7. — Tout meunier qui se refuserait à l'exécution du présent, y sera contraint par les voies de droit; il reste d'ailleurs responsables des événements et dégâts qui pourraient résulter de sa résistance.

Les articles 8, 9 et 10 ont trait à la signification du présent arrêté.

Signé : Montault-Desilles.

Pour le secrétaire général :

Signé : Mamert-Couillion,

XI.

Après un arrêté aussi puissamment motivé, on aurait pu croire que tout se serait passé entre les propriétaires riverains et les meuniers comme dans le meilleur des mondes.

Il n'en a rien été, et les meunier sont constamment cherché à retenir le plus d'eau qu'ils ont pu, sans se soucier des dommages qu'ils causaient aux propriétaires en tenant les prairies sous l'eau plus qu'il ne convenait.

Si bien qu'en 1850, les propriétaires riverains de la commune de Thouarcé, à bout de patience, ont dû adresser à M. le préfet de Maine-et-Loire un mémoire dans lequel ils exposaient les abus dont ils étaient les victimes.

A l'enquête, on trouva que les vannes de l'un des moulins de Thouarcé dépassaient de *douze centimètres* la hauteur prescrite par l'arrêté du 16 prairial an VIII.

M. le préfet Besson prit le 15 juillet 1850 un nouvel arrêté confirmant celui du 5 juin 1800 dans toutes ses dispositions.

Tout récemment, de nouvelles difficultés s'étant élevées entre les meuniers de Thouarcé et les propriétaires riverains du Layon, M. le maire de cette commune fut contraint de nommer un agent spécial qui prendrait sous sa surveillance le contrôle des vannes, conformément aux arrêtés préfectoraux de 1800 et de 1850.

De tous ces abus, qui ne sont pas restés isolés, il est ressorti la présentation d'un vœu au Conseil général de Maine-et-Loire tendant à obtenir, dans le plus bref délai, le déclassement du Layon comme rivière navigable.

L'arrêt du conseil du Roi, du 17 avril 1774, est donc à la veille de tomber en déchéance, et ce sera justice, car le Layon, canalisé dans un but d'intérêt privé, n'a servi, en réalité, qu'aux intérêts de la compagnie des mines de Saint-Georges-Châtelaison.

Il était cependant tout au moins légitime d'espérer que la canalisation du Layon amènerait un certain bien-être au milieu des populations qui vivaient sur le bord de ses eaux. Malheureusement il n'en a rien été.

Néanmoins, nous devons, à la vérité, de dire que le médecin Renou, cet ami dévoué de Parmentier, qui, comme lui, s'intéressait à l'agriculture de son pays et au bien-être de ses concitoyens, semble avoir exercé durant ses fonctions de directeur des mines et du canal du Layon une certaine influence sur les populations agricoles de cette partie de l'Anjou.

C'est lui qui a introduit dans notre pays

la culture de la betterave, qu'on appelait alors la *disette*; il y a probablement aussi vulgarisé la culture de la pomme de terre, ne serait-ce que pour être agréable à son protecteur Parmentier.

C'est encore à Renou que revient la première idée de substituer aux bras de l'homme la charrue dans les vignes, idée qu'il a certainement indiquée autour de lui et qu'il n'a pas eu la satisfaction de voir appliquer.

En fin de compte, le canal de Monsieur n'a été qu'une charge pour les propriétaires riverains qu'il a dépossédé de leur jouissance du franc-bord.

Maintenir aujourd'hui, le Layon, comme rivière flottable et navigable, n'a plus sa raison d'être. Les relations commerciales des communes riveraines sont les mêmes qu'il y a un siècle. Tous leurs intérêts les appellent, comme à cette époque, vers les marchés de Brissac et d'Angers. Les eaux du Layon ne sauraient, dans l'espèce, ne leur être d'aucune utilité. Elles ont, pour transporter leurs vins, leurs céréales, leurs bestiaux d'élevage et d'engraissement, des voies de communication aussi bonnes qu'elles sont multipliées et directes; avec cela, deux lignes de chemins de fer, dont l'une se dirige vers Angers et l'autre côtoie le Layon jusqu'à Chalonnes, qui, dans le cas où le concessionnaire actuel du charbonnage de Saint-Georges-Châtelaison voudrait exploiter de nouveau les gisements de houille, lui seraient d'un secours plus puissant et plus économique que l'ancien canal de Monsieur.

Les propriétaires riverains du Layon vont donc rentrer, sans retour d'indemnité envers l'Etat, dans la jouissance pleine et entière de leurs prairies, dégrevées des charges du chemin de halage et de celles que leur faisait supporter l'affermement du droit de pêche. Mais que les meuniers ne l'oublient pas, l'Etat va demeurer quand même propriétaire de la nappe d'eau proprement dite, les arrêtés préfectoraux des 5 juin 1800 et 25 juillet 1850, ne seront pas abrogés et demeureront de plein effet. MM. les meuniers resteront donc, comme par le passé, assujettis à la réglementation des eaux et au contrôle de l'agent communal s'il y a lieu.

A. Bouchard.

PIÈCE JUSTIFICATIVE

Rapport de l'ingénieur Cormier sur l'état des mines du département de Maine-et Loire.

Mines de charbon de terre, situées dans la commune de Montjean rive gauche de la Loire. — Il y a plus de cent ans que l'on tire du charbon de terre des mines de Montjean, à cette époque chaque particulier faisait exploiter son terrain. En 1745 environ, le seigneur de Montjean obtint une concession exclusive, qu'il céda à des étrangers moyennant une redevance du tiers ou du quart du produit. Les particuliers commencèrent à exploiter en grand, firent monter des machines, et poussèrent leurs travaux jusqu'à près de 97 mètres 41 (300 p.) au-dessous du niveau de la Loire sans avoir pu trouver la partie inférieure de la veine de charbon; moitié du produit était propre à la métallurgie, et l'autre aux fourneaux à chaux, ils ont abandonné en 1784. Le produit journalier de la mine était alors de 9 mètres 862 cubes.

En 1787, René Clémenceau et Cie achetèrent un bien national de l'abaïe des Cordeliers de Saint-Florent, reprirent une bure abandonnée et en commencèrent une nouvelle, après avoir obtenu l'agrément du département. L'insurrection vendéenne est venue interrompre leur travaux, qui ne seront probablement pas repris, à moins que le Gouvernement ne vienne au secours des entrepreneurs ruinés par la guerre de la Vendée.

Mines de Chalonnes. Chaudefonds et Saint-Aubin-de-Luigné. — Les mines de Chalonnes, Chaudefonds et Saint-Aubin-de-Luigné, ne doivent guère être considérées, que comme des indices de mines ; les puits où l'on travaille actuellement, ceux que l'on a jadis exploités, ne l'ont jamais été qu'à force de bras, les propriétaires ou concessionnaires les abandonnaient aussitôt que l'eau pénétrait dans la fouille, aussi ces mines n'ont-elles fournis que du charbon de terre et jamais du charbon pérat, les travaux n'ayant point été poussés à une assez grande profondeur, pour arriver à ce dernier.

Le produit journnalier de ces mines lors de leur plus grande activité n'excédait pas 13 mètres 69 cubes de charbon qu'on employait qu'a chauffer les fours à chaux.

Le citoyen René Clémenceau concessionnaire des mines de Saint-Aubin-de-Luigné, se propose de reprendre les travaux si le gouvernement veut lui prolonger la concession qui expire dans trois ans.

Mines de charbon situées dans la commune de Saint-Georges-Châtelaison. — Ces mines fécondes ont commencées à être exploitées en 1737 par Baccot et Cie, qui après trente ans de travaux infructueux et 400,000 livres de dépenses céda son établissement à David. Celui-ci tyrannisé par le sieur Foulon, seigneur de Doué fut aussi contraint d'abandonner l'exploitation, dans laquelle il ne rentra qu'en souscrivant une obligation de 1,200 livres. Un nouvel acquéreur éprouva de nouvelles vexations et souscrivit pareillement une obligation de deux mille livres qualifiée du titre de rente foncière et féodale.

Le citoyen Pauly seul propriétaire des mines depuis 1785 réclame contre ces usurpations, il s'est pourvu en restitution des sommes et arrérages payés à Foulon en 1780.

Le produit annuel de ces mines était jadis d'environ 300,000 boisseaux de charbon. En 1793 il fut réduit à 100,000 boisseaux, en 94 (au 2 tiers à 48,000, en 94 (au 3) à 72,000. Le concessionnaire a eu bien de la peine à préserver les travaux d'une ruine totale, pendant les deux dernières années. Les travaux ne peuvent reprendre de si tôt, leur activité, le fond des anciennes fosses étant couvert de plus de 129 mètres 89 d'eau.

Le citoyen Pauly qui a fait des pertes immenses; suites de l'insurrection vendéenne, attend du gouvernement les indemnités qu'il a lieu d'espérer et la rentrée du prix de 8,000 boisseaux de charbon fourni à la République, et des ordres du ministre pour percer deux nouvelles bures. Les charbons provenant des mines de Saint-Georges sont de première qualité, on ne les emploie qu'à la métallurgie, ils sont surtout propres aux gros ouvrages ; leur poids est de 36 à 38 livres le pied cube ou 0 mètre 034 cubes.

Il paraît certain que la veine de charbon exploitée à Saint-Georges est la même qui se manifeste à Beaulieu et Saint-Aubin en suivant la rive droite du Layon, qu'elle se reporte ensuite sur la gauche à Chaudefonds et Chalonnes et suit le coteau jusqu'à Montjean, où elle se dirige sous le lit de la Loire et gagne Montrelais, son allure est du sud-est à l'ouest, son inclinaison à l'horizon varie depuis 20 à 25 degrés, 22,22 à 27,77.

Le présent état fait et dressé par moi ingénieur des travaux publics à Angers, 27 Ventôse, 4e an Républicain...

Signé : M. F. Cormier.

Angers, imprimerie Lachèse et Dolbeau, chaussée St-Pierre, 4

www.ingramcontent.com/pod-product-compliance
Ingram Content Group UK Ltd.
Pitfield, Milton Keynes, MK11 3LW, UK
UKHW022142190726
13855UKWH00003B/1298